AF401412

OBSERVATIONS

GÉNÉRALES

SUR

L'IMPORTANCE ET LES BASES

D'UN

CODE CIVIL.

Par le C.en B****,

DU DÉPARTEMENT DE L'INDRE;

À CHATEAUROUX,

De l'Imprimerie de M. A. BAYVET;

AN XI.

AVERTISSEMENT.

Dans ce moment où les esprits sont occupés des grandes discussions sur le projet du nouveau code civil, j'ai pensé qu'on pourrait lire avec plaisir quelques observations générales sur l'importance et les bases de ce code; *lesquelles j'avais déjà fait imprimer, il y a deux ans, dans une autre intention.*

Si je considère le nouveau projet dans son ensemble, je ne puis qu'admirer ses auteurs d'avoir su renfermer un si grand nombre de lois, et concilier un si grand nombre de préjugés et de coutumes diverses dans un aussi petit espace: le discours préliminaire sur-tout, mérite des éloges particuliers pour l'art avec lequel on y excuse d'avance les raisons qui ont déterminé les auteurs de ce projet, à présenter non un code basé sur les grandes données de l'ordre social, mais sur la nécessité de composer avec les préjugés, ou plutôt de faire une alliance de tous les préjugés des divers habitans qui composent la nation pour laquelle il est destiné.

Cependant, il me semble que les auteurs de ce projet étaient en état de présenter un autre ouvrage; et l'on ne peut qu'être sensiblement affecté de les voir si timides à profiter de la circonstance actuelle où la nation s'attendait à de grandes réformes dans le code civil, et où le chef qui la gouverne, leur demandait, sans doute, un ouvrage digne de son esprit supérieur.

En effet, on ne voit par-tout que des

écrits, qui, en déplorant les mœurs actuelles, laissent évidemment connaître la nécessité d'une réforme à cet égard; et lorsqu'il s'agit d'un nouveau code civil, c'est-à-dire, de la cause qui peut, à son gré, changer les mœurs de la nation, de celle d'où doit dépendre la moralité et le bonheur intérieur de ses habitans, on propose un alliage, en forme d'extrait, de toutes les lois et coutumes, et usages anciens, même de ceux que l'exagération des temps révolutionnaires a produits parmi nous. Sans doute, on n'attendra pas des suites d'un pareil ouvrage, le changement des mœurs actuelles : car il est impossible d'admettre des effets différens à des causes semblables. Or, si le nouveau code civil ne change point nos mœurs, s'il ne tend pas à rendre parmi nous les liens du mariage aussi agréables et aussi désirables qu'ils sont redoutés en ce moment, s'il ne tend pas à rendre la vieillesse plus considérée, les enfans plus respectueux, les femmes plus dévouées à leurs maris, quel bien pouvons-nous en attendre ? Mais à ce mot de *dévouées*, que beaucoup de femmes prendront pour synonyme de soumises, je vois déjà ce sexe aimable, qui, semblable aux enfans, est rarement porté à rendre justice aux intentions des gens qui le contrarie pour le rendre heureux, nous accuser de le traiter avec trop peu d'égards. Cependant, j'espère qu'il se trouvera beaucoup de femmes assez raisonnables pour convenir que malheureusement pour elles et pour nous, elles sont, par l'effet des lois actuelles, bien loin de la place que la nature leur ordonne d'occuper, sous peine d'être malheureuses, et également pour sentir, en lisant ce très-petit ouvrage, que c'est leur sexe particulièrement qui gagnerait le plus, si dans un code civil, l'on suivait les bases que nous proposons. En effet, ayant en vue principalement de rendre les ménages heureux, il est sensible que dans cet état de choses, les femmes seraient plus avantagées que les hommes ; puisque le bonheur ou le malheur de leur vie dépend entièrement de leur manière d'être dans l'intérieur de la famille ; tandis que les hommes, par l'effet nécessaire des occupations qui sans cesse les-appellent hors de la maison, se trouvent livrés, soit à des dissipations étrangères, soit à des peines extérieures, qui, dans tous les cas, ne peuvent qu'atténuer la force des sen-sations que leur font éprouver les peines ou les plaisirs qu'ils ont dans l'intérieur de leur famille.

D'ailleurs, pour faire connaître à ce sexe que le projet du nouveau code civil les favorise dans le fait bien moins que les bases que nous proposons, nous l'invitons à lire le titre sur le divorce, et il sera bientôt persuadé, que dès-lors que le divorce sera le résultat du jugement des tribunaux, et non celui de la volonté pure et simple de l'un des conjoints, les femmes, avec tous les droits apparens que le projet de ce nouveau code semble leur accorder, n'en seront pas moins de fait les esclaves de leurs époux.

OBSERVATIONS

OBSERVATIONS

GÉNÉRALES

SUR

L'IMPORTANCE ET LES BASES

D'UN

CODE CIVIL.

Nous définissons un *code civil*, l'ensemble de la partie des lois d'une nation qui est destinée à régler les droits des propriétés ou des personnes, entre les individus de tout âge et de tout sexe qui la composent, abstraction faite de leurs droits politiques.

Jusqu'à nos jours, on a été bien loin de sentir toute l'importance de ce code : ce qui le prouve, c'est que la plupart des ouvrages qui concernent les lois civiles, ne sont autre chose que de froides discussions, ou des commentaires insipides sur les coutumes, sur les lois anciennes, et particuliérement sur les lois

A

romaines ; quoique cependant il soit reconnu
que ces dernières ne sont qu'une compilation
très-incohérente de toutes les décisions arbitraires , soit des empereurs , soit des divers
jurisconsultes du moyen-âge de l'Empire ro-
main. Mais ce qui le prouve encore mieux,
c'est que peu de grands écrivains ont jugé
cette partie digne de leur plume ; tandis que
les lois répressives, et sur-tout les lois politiques ont été l'objet des études particulières
des hommes les plus célèbres parmi les modernes ; et que même la partie de l'économie
politique a été traitée par une foule d'auteurs,
qui paraissaient s'être dévoués exclusivement
à ce seul genre d'écrits.

Néanmoins, en examinant les conséquences
importantes du code civil , sur le bonheur des
humains , on doit être d'autant plus surpris
du peu d'attention des écrivains modernes à
cet égard , qu'on ne peut mettre en douté que
ce code ne soit la partie première et princi-
pale de la législation de tous les peuples de la
terre ; tandis que les autres n'en sont, pour
ainsi dire , que les parties subordonnées.

En effet, si l'on jette un coup d'œil sur les
grandes divisions de la législation ; si l'on
observe avec attention les gradations de leur

établissement et de leur influence réciproque,
il est impossible de ne pas reconnaître que la
législation se divise naturellement en quatre
parties principales; savoir: la partie *civile*,
la partie *répressive*, la partie *politique*, et la
partie *économique*;

Que *les lois civiles* sont celles qui ont pré-
cédé toutes les autres, pour établir les relations
d'individus à individus;

Que *les lois répressives*, qui ont établi les
magistratures et les peines afflictives, ne sont
venues qu'ensuite et par l'effet du besoin de
garantir l'exécution des lois civiles contre la
violence des individus;

Que *les lois politiques* ne sont venues
qu'après les lois répressives et lorsqu'il eut
été reconnu que la nation s'étant, par le fait
de ces lois, partagée en deux classes, celle
des gouvernés et celle des gouvernans, la
puissance des lois répressives devenait insuffi-
sante pour réprimer les abus du pouvoir ex-
traordinaire que les citoyens de la seconde
classe avaient acquis par l'influence nécessaire de leurs fonctions; et ce qui le prouve,
c'est que le but évident de ces lois est, de
balancer tellement les uns par les autres, les
pouvoirs des gouvernans, qu'aucun d'eux ne

puisse jamais devenir assez puissant pour violer impunément les relations établies par les lois civiles ;

Enfin , que *les lois d'économie politique* ne sont venues que les dernières, et n'existent que chez les nations dont l'étendue du territoire, la population, les relations intérieures et extérieures , la puissance et les connaissances , ont nécessité des lois particulières , pour régler l'ordre et la levée des contributions , les dépenses publiques , les translations commerciales, et les mouvemens industriels.

Or , si cet ordre , dans l'établissement des lois de toutes les nations, est prouvé par l'expérience , et confirmé par l'étude de l'histoire ; s'il est également prouvé par le raisonnement, que les lois répressives et politiques n'ont pu être imaginées que lorsqu'on eut senti la nécessité d'opposer une barrière aux droits de la force , contre l'exécution des lois civiles ; il ne peut donc leur être attribué une influence directe sur le bonheur des nations : car il est sensible que la loi faite pour garantir l'exécution d'une autre loi, ne participe qu'indirectement aux effets de cette autre loi : et dès-lors il est démontré que les lois civiles sont les seules qui aient été faites pour agir directement sur le bonheur des hommes rassemblés en société.

Ainsi, les lois répressives et politiques ne peuvent rien pour le bonheur des hommes sans le concours des lois civiles. Mais bien plus, il se pourrait que les meilleures lois de ce genre devinsent très-à charge aux nations où on les supposerait accompagnées de mauvaises lois civiles ; parce que , d'après leur effet nécessaire , comme elles se trouveraient garantes de ces mauvaises lois , alors, par cela seul, et nonobstant leur bonté en elles-mêmes, elles tendraient à produire de très—mauvais effets.

Quoique l'exposé que nous venons de faire, présente déjà les preuves les plus convaincantes en faveur de l'importance et de la prééminence des lois civiles sur toutes les autres lois, néanmoins ce ne sont pas les seules ; car il est encore d'autres principes reconnus par tous les hommes qui s'occupent de la science de la législation, dont les conséquences nécessaires et rigoureuses doivent achever de porter la conviction de cette importance dans les esprits les plus prévenus en faveur d'une opinion contraire, et servir

en même temps à faire connaître les seules
bases solides , sur lesquelles on peut établir
un bon code civil.

Or , le premier de ces principes , et d'où
dérivent tous les autres , se trouve exprimé
dans ce peu de mots :

*Le but de toute association humaine est
incontestablement le bonheur des associés et
la force extérieure de l'association.*

Ce principe posé , si nous examinons quelles
sont les causes du bonheur intérieur des nations , et celles de leur force extérieure , nous
serons obligés de reconnaître que le bonheur
intérieur des nations se compose nécessairement de l'ensemble des bonheurs particuliers
de la grande majorité des individus qu'elles
contiennent ; puisqu'on ne peut considérer
une nation sous des rapports qui ne présenteraient pas à l'esprit une collection d'individus ; et qu'à l'égard de leur force extérieure , elle se compose de l'union entre les
citoyens , de la quantité d'individus qu'elles
contiennent , et des moyens de subsistances
dont elles peuvent disposer ; car cette force
ne peut exister sans union , ne peut être im-
posante , si elle n'est soutenue d'une grande

population ; enfin, ne peut avoir de durée , si les moyens de subsistance de la nation, c'est-à-dire, les produits territoriaux, ou ceux industriels qui les suppléent, ne sont pas habituellement au-dessus de sa consommation.

Ces principes subsidiaires étant admis, si nous examinons d'abord les conséquences du premier, celui qui est relatif au bonheur des nations, nous dirons : dès-lors que le bonheur intérieur des nations n'est autre chose que l'ensemble des bonheurs particuliers de la grande majorité des individus qui les composent, il faut donc chercher en quoi consiste le bonheur particulier des individus. Or, dans cette recherche, comment éviter de tomber dans l'erreur, au milieu de la foule des préjugés qui tendent sans cesse à persuader aux hommes, que chacun d'eux est dans le bon chemin ; quoique négligeant tous de connaître la fin qu'ils ont en vue, ils ne soient occupés que des moyens qu'ils croient devoir leur procurer cet objet si mal déterminé de leurs désirs ? Ainsi, pour fixer nos idées d'une manière précise à ce sujet, nous avons pensé qu'il fallait nous régler d'après les leçons de l'expérience, sur-tout lorsqu'elles sont encore appuyées sur des raisonnemens pris dans la nature de l'homme. En conséquence, après avoir reconnu que par tout pays, l'homme considère le repos, c'est-à-dire, l'absence de la peine, comme le souverain bien, alors il nous a paru démontré que, nonobstant le septicisme affecté sur cet objet, *le bonheur particulier d'un individu consiste à posséder la certitude de satisfaire ses besoins, sans être obligé pour l'acquérir, d'être astreint à des peines susceptibles de lui faire connaître la douleur;* qu'ainsi le bonheur particulier des individus doit toujours être en raison composée de la somme des garanties qu'ils auront de cette possession, et inverse des peines qu'ils seront obligés d'avoir pour l'acquérir. C'est en effet ce que l'expérience confirme: car il est facile de se convaincre que tous les hommes n'ont d'autres motifs d'action, que le désir d'augmenter sans cesse la somme de ces garanties, et de diminuer, autant qu'il leur est possible, les peines qu'ils sont obligés de se donner pour satisfaire leurs besoins.

Si donc un individu ne commence à être heureux qu'autant que la somme des garanties de cette possession l'emporte à son égard, sur celle des peines nécessaires pour l'obtenir; il doit résulter, que plus il a de besoins, plus il doit lui être difficile de se trouver heureux. Or, c'est encore ce que l'expérience confirme : car il est reconnu que plus on a de besoins, et plus on est exposé à avoir des peines pour obtenir la certitude de les satisfaire ; en sorte que si ceux qui ont beaucoup de besoins ne sont pas favorisés par les circonstances, la somme de leurs peines doit nécessairement l'emporter sur celle de leurs plaisirs.

D'après ce que nous venons de dire, nous sommes donc fondés à établir cette proposition ; savoir : que la nation la plus heureuse intérieurement, est celle qui, proportionnellement à sa population, contient la plus grande quantité d'individus qui auront trouvé, dans les lois et les usages auxquels ils sont assujettis, les garanties nécessaires pour être assurés de satisfaire leurs besoins, sans être astreints à des peines susceptibles de leur faire connaître la douleur.

Maintenant, si nous recherchons quels sont les besoins de l'homme, nous trouverons qu'ils sont de deux sortes : les corporels, qu'on nomme *besoins physiques ;* et les intellectuels, qu'on nomme *besoins moraux :* que les corporels consistent dans ceux qu'il a en commun avec les animaux , tels sont *manger*, *boire* , *dormir* , *se réproduire* , *et se mettre à l'abri des intempéries de l'air* , et lesquels sont l'effet nécessaire de son organisation physique ; que les intellectuels consistent dans ceux qui sont propres à son espèce , lorsque les circonstances favorisent le développement de ses facultés de penser et de prévoir : tels sont , *être aimé de mille manières différentes des êtres qui l'environnent* , et lesquels sont l'effet du désir qu'il a de s'assurer du secours ou de la protection de ces êtres , dont en sa qualité d'être faible , il sent constamment la nécessité , en même temps qu'ils sont la cause de ces nombreux désirs qui l'agitent sans cesse , et que nous désignons sous le nom de *passions*. Ainsi , dans le *fait* , les besoins moraux sont dans l'homme la suite des besoins physiques. Maintenant , si nous rapprochons les données ci-dessus de la proposition précédente , nous aurons en dernière analyse cette autre proposition , qui , par sa nature , deviendra principe ; savoir : que la nation la plus heureuse intérieurement , est celle qui , proportionnellement à sa population , contient la plus grande quantité d'individus qui ont trouvé , dans les lois et les

usages auxquels ils sont assujettis, les garanties nécessaires pour être assurés de satisfaire leurs besoins physiques et moraux,
sans être astreints à des peines susceptibles
de leur faire connaître la douleur.

Or, si cette proposition est vraie, sous tous
les rapports, elle devient donc une nouvelle
preuve en faveur de l'importance du code
civil ; puisqu'il est impossible de ne pas convenir que les garanties qu'elle réquiert, ne
peuvent se trouver que dans ce code. En
effet, il est évident que c'est dans le règle-
ment seul du droit de propriété, que chaque
individu peut trouver les garanties qui lui
sont nécessaires pour satisfaire ses besoins
physiques avec le moins de peine possible ;
et que ce sont les lois qui servent à régler
les droits des relations de parenté, de suc-
cessibilité, d'amitié, qui seules ont le pouvoir de produire, à leur gré, les affections
destinées à satisfaire les besoins moraux de
l'homme, en les appuyant sur l'unique base
qui puisse servir à établir solidement l'édifice
de la législation, *l'intérêt personnel.*

Étant donc prouvé que le code civil est
l'ouvrage le plus important dont un législa-
teur puisse s'occuper, il nous reste à faire

connaître, que dans les conséquences des propositions reconnues ci-dessus, se trouvent les principes destinés à servir de base aux lois principales que doit contenir ce code.

La première de ces conséquences qui se présente à l'esprit, c'est que, pour procurer à la plus grande quantité possible des individus qui composent une nation, les garanties nécessaires pour être assurés de satisfaire leurs besoins physiques, sans qu'ils soient astreints, pour y parvenir, à des peines susceptibles de leur faire connaître la douleur, il faut tendre à la répartition la plus égale possible de la propriété (en ce que la propriété est la base première de cette garantie); mais de manière cependant à procurer au plus grand nombre possible, la quantité de propriété strictement nécessaire à un homme, pour lui procurer la satisfaction de ses besoins physiques, sans être astreint, pour parvenir à ce but, d'ajouter au produit de cette propriété, celui d'un travail trop pénible, lequel, par conséquent, l'assujettirait à la douleur : car il est sensible que si cette répartition parvenait à un tel point, que la portion de propriété donnée à chacun se trouvât réduite de manière à lui présenter de trop faibles ressources pour l'exempter de la nécessité d'un travail pénible, alors le but ne serait pas rempli.

Ainsi, de l'ensemble des conséquences qui dérivent nécessairement des propositions émises ci-dessus, il résultera cette proposition générale : *Que la nation qui, proportionnellement à sa population, renferme le plus d'individus physiquement heureux, est celle où se trouve, dans la même proportion, le plus grand nombre d'hommes jouissant de la quantité de propriété strictement nécessaire à chacun d'eux, pour leur procurer et leur assurer la satisfaction de leurs besoins physiques, sans être astreints, pour parvenir à ce but, d'ajouter au produit de cette propriété, celui d'un travail trop pénible.*

De cette proposition, qui, par son évidence, devient principe, nous pourrons donc tirer cette conséquence : Que si l'on supposait qu'une propriété de 200 francs de revenu est strictement nécessaire à un homme pour le rendre physiquement heureux (*),

---

(*) Cette supposition est d'autant moins éloignée de la vérité, qu'on peut admettre en même temps, que le possesseur d'une semblable propriété, pourra

alors on aurait cette autre proposition, dont toutes les conséquences sont autant de données pour former plusieurs lois principales du code civil; savoir : que toutes les lois de translations de propriété à titre gratuit, telles que celles concernant les successions, donations, testamens, &c., doivent avoir en vue, non de partager les propriétés à l'infini, mais d'amener leur division jusqu'au point nécessaire pour procurer au plus grand nombre possible, une propriété de la valeur de 200 francs de revenu net.

Or, comment parvenir à ce but, si l'on admet toujours le partage des petites successions? En effet, pour peu qu'on veuille réfléchir aux suites de ce partage, on sera bientôt convaincu par l'expérience et le raisonnement, que c'est le moyen le plus assuré pour détruire les petites fortunes, et

---

facilement en porter le produit à six cents francs, et même à sept, en y joignant les fruits de son travail, qui sera alors d'autant moins pénible, que l'idée des jouissances futures qui accompagnent toujours l'homme travaillant sur sa propriété, ne lui fera considérer ses peines que comme une douce occupation.

pour réformer les grandes des débris de toutes les petites. Car il est sensible que dès-lors que le petit propriétaire ne peut pas se suffire à lui-même, et est obligé de recourir aux moyens que lui présente le riche ; sa fortune devient bientôt à la discrétion de ce riche, en raison des avances qu'il en reçoit journellement, et qu'il est hors d'état, vu l'insuffisance de ses moyens physiques, de lui rendre autrement, qu'en lui cédant à bas prix le peu de propriété qu'il possède. Ainsi, pour conserver les propriétés entre les mains des gens peu fortunés, il faut donc trouver les moyens de leur en procurer la quantité nécessaire pour les mettre dans l'indépendance des riches. Et pour cet effet, il me semble que si l'on a encore recours aux leçons de l'expérience, on sera bientôt persuadé que le seul moyen susceptible de produire un semblable résultat, serait d'instituer les préciputs ; c'est-à-dire, d'admettre en principe, qu'une succession en immeubles au-dessous d'un *minimum* fixé, est impartageable : par conséquent, 1.º que dans toute succession, les enfans se porteraient héritiers de leur père, pour la totalité d'un préciput, à l'exclusion les uns des autres, dans un ordre quelconque :

ordre qui serait fixé par le père, et à son défaut, par la nature ; 2.º que les partages ne seraient égaux, et le père ne pourrait faire aucune disposition à titre gratuit, qu'autant qu'il laisserait plus qu'il ne faudrait pour donner à chacun de ses enfans le *minimum* fixé par la loi.

Telles sont les conséquences les plus importantes de l'admission des principes posés ci-dessus, relativement au bonheur physique des nations, et auxquels nous n'ajouterons pas d'autres réflexions, pour ne pas donner à ces observations une étendue trop considérable.

Mais si ces conséquences ont été faciles à saisir, parce qu'elles ont eu lieu sur des objets, pour ainsi dire, matériels ; il n'en est pas de même de celles que doit nécessairement présenter le développement des principes admis relativement à la nécessité de procurer aux hommes les moyens de satisfaire leurs besoins moraux, pour qu'ils soient heureux : développement auquel il importe d'autant plus de faire attention, que presque tous les auteurs, en matière politique, et particulièrement les économistes, ayant confondu les besoins physiques de l'homme avec ses

besoins

besoins moraux; ou plutôt ne l'ayant jamais considéré que sous le rapport des premiers, ont mis en principe : que les peuples les plus heureux étaient ceux qui se trouvaient les mieux nourris, les mieux logés, les mieux vêtus, et qui payaient le moins d'impôts, en oubliant absolument de faire mention de leurs besoins moraux.

Cependant, quelle que puisse être, à cet égard, l'opinion de ces hommes, qui n'ont cessé de voir les peuples comme des troupeaux, dont les princes étaient les propriétaires, il n'en restera pas moins pour constant aux yeux de quiconque veut réfléchir et juger par soi-même, de ce qui constitue le bonheur et le malheur d'un homme, 1.° que tout être qui n'a que des besoins physiques, ressemble parfaitement à l'animal; et que la satisfaction de ces besoins peut tout au plus l'exempter de la douleur, mais jamais lui procurer la connaissance de ce plaisir senti, qui seul peut constituer un instant de bonheur ou de bien-être; 2.° que si la satisfaction des besoins physiques est néssaire pour n'être pas malheureux, elle ne peut pas, à elle seule, faire le bonheur de l'homme; puisque l'expérience et le raisonnement se réunissent pour prouver

B

qu'un individu peut être très-malheureux ,
quoique pourvu en abondance de tout ce qui
est nécessaire à la satisfaction des sens ; de
même qu'une nation bien nourrie, bien
logée, bien vêtue, qui par conséquent ne
connaît pas la douleur physique, peut cependant être très-malheureuse moralement.

Si donc nous considérons les hommes sous
le rapport de leurs besoins moraux, nous ver-
rons que ces besoins sont d'autant plus forts,
que les hommes ont plus de prévoyance ; c'est-
à-dire , qu'ils sont plus instruits et doués en
même temps d'une imagination plus vive : car
de même que la force des besoins physiques de
l'homme est en raison de sa force physique, la
force de ses besoins moraux est en raison de
la force , ou plutôt du développement de sa
faculté de penser. Ainsi , plus les hommes
seront instruits, et plus ils auront l'imagination
vive : alors, plus il sera difficile de leur procurer les moyens de satisfaire leurs besoins
moraux ; mais aussi ils seront bien plus heureux que la plupart de leurs semblables, si
l'on parvient à leur donner ces moyens.

Tel est le but le plus important de tout
code civil, sur-tout s'il est destiné pour des
hommes dont les facultés intellectuelles sont

aussi développées que celles de la plupart des Européens. Car, si, comme le dit *Pascal*, les plaisirs des sens ne sont rien en comparaison de ceux de l'esprit, et ceux de l'esprit rien en comparaison de ceux du cœur, combien alors devient importante au bonheur des hommes, la partie du code civil, qui, selon les bases sur lesquelles elle sera établie, est destinée à produire parmi eux, soit la présence, soit l'absence de ces douces affections du cœur, dont les causes sont si bien exprimées par ces mots : *amour filial, amour conjugal, amour paternel.* En effet, peut-on contester aux lois qui règlent l'état et les droits des pères, des maris, des femmes et des enfans, le pouvoir de faire naître, à leur gré, dans les familles, l'union, l'amour, la concorde, ou le trouble, la jalousie et la haine ? Non, sans doute. Mais il ne suffit pas d'être d'accord sur ce point, en reconnaissant le pouvoir des lois à cet égard ; il faut l'être encore sur les moyens qu'on doit mettre en usage dans le code civil, pour parvenir aux heureux résultats qu'on se propose, et non s'en tenir à ceux trop funestes que nous présentent les lois actuelles de la plupart des peuples de l'Europe.

Or, nous pensons, ainsi que nous l'avons déjà dit, que le seul moyen sur lequel on puisse compter, pour obtenir ces heureux résultats, c'est *l'intérêt personnel* : car, dire que l'homme est naturellement honnête, ou dire qu'il peut être honnête sans avoir aucun intérêt à l'être, n'est-ce pas supposer évidemment un effet sans cause ; et en conséquence, dans l'un ou l'autre cas, établir un raisonnement sur un principe faux ? Ainsi, nous partirons donc de ce principe, qui d'ailleurs serait facile à démontrer : *que l'homme, dans toutes ses actions, de quelque nature qu'elles soient, est toujours mû, en dernière analyse, par l'intérêt personnel.*

Nous avons dit précédemment : l'homme, en sa qualité d'être faible, sent constamment la nécessité d'invoquer le secours ou le concours de ses semblables, pour satisfaire ses besoins physiques : de-là, l'existence de ses besoins moraux. En effet, si l'on pouvait supposer un homme assez puissant pour satisfaire par lui-même ses besoins physiques, nul doute que cet homme ne connaîtrait jamais les besoins moraux : car nul désir ne peut exister sans un motif, et les passions qui sont les effets des besoins moraux des hommes, puisqu'elles sont des désirs violens qui font souffrir, ne pourraient se supposer dans cet être, qui, trouvant tout en lui—même, ne serait dès - lors susceptible d'aucuns motifs de désirs.

Ainsi, c'est donc sous les divers rapports de faiblesse ou de besoin qu'il a du secours ou du concours d'autrui, que nous observerons qu'il faut considérer l'homme dans chaque époque de sa vie, pour se faire une idée précise de la nature de ses besoins moraux; et cette base étant adoptée, nous trouverons, 1.º que l'enfant doit être porté à aimer ses père et mère, et à chercher à leur plaire tant qu'il a besoin de leurs secours; après quoi, il est dans l'ordre de la nature qu'ils lui soient indifférens, et qu'il les abandonne dans leur vieillesse; et c'est ce que l'expé— rience confirme; car il est à remarquer, que ce n'est que parmi les peuples civilisés que l'amour filial se prolonge au - delà de ce terme : la nature en effet ne présentant aucun moyen pour soutenir, dans ce cas, une alliance où le fort protège le faible sans dédomagement;

2.º Que l'espèce humaine, se partageant en deux sexes : le masculin, auquel la nature

a accordé le plus haut degré de force physique ;
et le féminin, celui revêtu de cette moindre
force ; il résulte d'abord de ce partage, que
chaque individu du sexe féminin doit, selon
l'ordre de la nature, avoir toujours besoin
de la protection particulière d'un individu
du sexe masculin, soit pour le défendre
contre la violence des autres individus de
ce sexe, soit pour l'aider à se procurer les
objets nécessaires à la satisfaction de ses
besoins ; et dès-lors qu'il doit avoir un penchant
naturel à rechercher particulièrement la protection et l'assistance de l'individu de ce sexe
qu'il croit le plus fort : penchant dont l'effet
nécessaire est de porter tous les individus du
sexe féminin à aimer et à désirer de plaire
par préférence, à l'individu de l'autre sexe,
qu'ils croient le plus fort (*) ; qu'ensuite,
il résulte encore de ce partage, que chaque
individu du sexe masculin ne doit être disposé
à protéger et à aider un individu de l'autre
sexe ; donc à s'associer avec lui, et prendre,

(*) C'est ce que confirme cette prédilection naturelle qui se remarque dans toutes les femmes pour
les hommes qu'elles croient les plus forts ou les
plus courageux, ou les plus puissans.

à son égard, les charges de la protection qui entraînent après elles le travail et les combats, qu'autant qu'il aperçoit dans cette association, l'assurance du dédomagement des peines et des risques qu'il s'impose (*). Or, comme la nature, non - seulement lui fait sentir l'influence d'un désir impérieux, celui de se reproduire, mais encore lui fait désirer de satisfaire tous ses autres besoins avec le moins de peines possibles; et que pour satisfaire ces divers désirs, il n'est qu'un individu du sexe feminin; il est donc disposé par cette raison, et malgré les charges de cette alliance, à se rapprocher de ce sexe faible, et à unir son sort au sien. En conséquence, on ne peut s'empêcher de reconnaître que cette alliance, d'après les causes qui la produisent, doit avoir pour bases ces deux conditions, qui, en effet, sont toujours exprimées tacitement dans le contrat qu'en passe la nature; savoir : *Assistance* et *protection* d'un côté, *obéissance* et *service* de l'autre.

____

(*) Car il faut toujours revenir à cette proposition : ON NE FAIT RIEN POUR RIEN ; et se bien persuader que toute action quelconque a pour motif, direct ou indirect, notre intérêt personnel.

Telles sont les conditions qui , d'après la nature de l'homme , servent de base à l'union conjugale ; et l'expérience est à ce sujet parfaitement d'accord avec le raisonnement ; car elle prouve que , quels que soient les préjugés ou les apparences trompeuses dont on se sert pour se faire illusion , cette union ne peut durer, ou au moins être supportable, qu'autant que chacun des contractans est exact à remplir ses engagemens : car l'homme cesse-t-il de protéger ou de subvenir aux besoins du ménage , alors il faut nécessairement que la femme en cherche un autre; et la femme cesse-t-elle de servir (*); alors l'homme ne trouvant aucun dédomagement dans les charges de la protection,

____

(*) Ce mot SERVIR paraîtra peut-être exprimer trop nettement la chose ; mais en la supposant dans toute la rigueur du terme, je demande de bonne foi, peut-on regarder comme un sort pénible pour une femme, celui de servir un mari que nous supposons qu'elle aime ? Et au contraire l'expérience ne prouve-t-elle pas sans réplique, qu'il n'est de ménage heureux, quelle que soit la fortune qui s'y trouve, que ceux où la femme s'emploie à prévenir tous les désirs de son mari, et sur-tout à le servir avec un dévouement sans bornes ?

est nécessairement engagé à en chercher une autre. C'est en effet ce qu'on remarque constamment parmi les sauvages, et même parmi beaucoup d'invidus qui sont de la dernière classe chez les peuples civilisés ; à l'exception néanmoins des ménages peu nombreux, où la femme, par l'effet de l'incapacité de son mari, étant obligée de faire tous les rôles, hors celui de servir ; l'homme alors se réduit à une telle soumission, qu'il perd toute la dignité de son sexe.

3.º Que les pères et mères doivent être portés à aimer leurs enfans, non-seulement tant qu'ils ne sont pas assez forts pour se passer d'eux, parce que c'est un besoin physique qu'ils ont en commun avec tous les animaux, mais encore pendant toute leur vie ; parce qu'en raison du développement de leur faculté de prévoir, ils aperçoivent dans ces êtres encore faibles, et bien mieux dans ces êtres devenus grands, les protecteurs futurs de leur vieillesse. Ainsi, on peut dire que les vieillards ont, pour aimer leurs enfans devenus grands, les mêmes raisons, à l'amour physique près, que les femmes pour aimer leurs maris ; et c'est ce qui fait que la plupart des hommes, et, pour ainsi dire, toutes les femmes, ainsi que l'expérience le prouve, désirent plutôt des garçons que des filles.

Les conséquences des principes ci-dessus, en prouvant que l'amour filial, l'amour conjugal, et l'amour paternel, sont fondés sur des causes prises dans la nature, abstraction de toute idée de civilisation (*), prouvent en même temps que ces causes, 1.° ne peuvent soutenir l'amour filial, qu'autant que l'enfant a besoin de ses père et mère ; 2 ° doivent conserver l'amour conjugal tant que chacun des deux époux remplit les engagemens que la nature lui impose, lesquels sont, ainsi que nous ne saurions trop le répéter, *assistance* et *protection* d'un côté, *service* et *obéissance* de l'autre ; 3.° peuvent conserver l'amour paternel tant que les enfans restant avec leurs père et mère, ne font rien qui puisse les en faire haïr.

(*) Je ne dis rien de l'amour fraternel : il n'est dans l'ordre de la nature qu'un sentiment résultant de l'habitude de se voir dans l'âge de l'enfance, et que contractent toujours de petits enfans élevés ensemble, sans que la fraternité y soit un motif nécessaire. D'ailleurs, ce sentiment est bien inférieur à l'amitié, qui n'est autre chose que la fraternité de choix.

Ainsi, il est donc constant que, pour procurer aux hommes, pendant toute leur vie, les douces affections du cœur, qui sont les effets nécessaires de ces trois amours satisfaits, (donc pour leur procurer la satisfaction de leurs besoins moraux), il ne faut recourir à des moyens extraordinaires, puisés dans la civilisation, que pour prolonger seulement l'amour filial au-delà des limites de l'enfance ; et qu'il suffit à l'égard des deux autres amours, de conserver toute l'influence des causes qu'ils tirent de la nature, en évitant, avec soin, les lois et les usages des nations, qui tendent à détruire cette influence.

Ce principe étant reconnu, il résulte qu'on ne doit donc point s'écarter des bases que nous avons proposées pour établir la partie du code civil, destinée à contenir les lois relatives aux droits des pères, des maris, des femmes et des enfans : car favoriser les impulsions de la nature et non les contraindre, faire chérir aux hommes les lois qui les rassemblent en société, en leur offrant sans cesse une comparaison avantageuse entre l'état civilisé où ils se trouvent et celui de la nature où ils auraient pu exister ; tel doit être, il me semble, le but principal de cette partie intéressante d'un code civil, et duquel il est évident qu'on risque beaucoup de s'éloigner, lorsque dans l'établissement de ce code on considère toujours les relations des individus entre eux, sous les rapports des fins arbitraires auxquelles on se propose de les amener, sans penser, avant tout, aux fins pour lesquelles la nature les a destinés, et vers lesquelles ils sont forcés de tendre sans cesse, sous peine d'être malheureux.

Mais pour y parvenir, il ne faut pas, comme on a fait constamment jusqu'à ce jour, s'arrêter aux moyens, sans considérer la fin ; il ne faut pas avec les grands mots d'esclavage des femmes, et d'égalité de droits entre les époux, chercher à en imposer aux autres, et souvent s'aveugler soi-même. Oui, je ne puis trop chercher à le persuader : conserver les femmes dans une dépendance continuelle de leurs maris, mais établir le divorce comme correctif des abus de cette dépendance ; mais le divorce prononcé sur la demande de l'un des époux et non d'après les décisions des tribunaux, qu'il est indécent d'établir juges d'une matière aussi délicate, et sur-tout abolir l'usage pernicieux et mille fois funeste des dots : telles doivent être les

premières données d'un code civil, suceptible
de contribuer au bonheur des humains.

Or, c'est maintenant que, par l'effet d'une
opinion aussi prononcée au sujet des dots,
je vais me trouver en contradiction formelle
avec les opinions reçues. Comment se permettre d'attaquer un usage aussi ancien,
aussi général et pour lequel, par cette raison,
la plupart des hommes ont un tel respect,
qu'ils n'osent le croire suceptible de tous
les maux dont il est la cause? Mais cependant si l'on veut examiner, avec soin, les conséquences ~~de cet usage~~, il est impossible de
ne pas convenir de ses effets désastreux; car,

1.º Cet usage est la cause nécessaire d'une
très-grande quantité de mauvais ou au moins
de fort tristes mariages, en ce qu'il est
bien rare que l'amour vienne sanction-
ner les convenances de fortunes, qui,
d'après cet usage, sont regardées comme
un article si essentiel, que les parens ne
s'occupent que de lui, sans s'inquiéter en
aucune façon, des goûts réciproques des deux
futurs époux; et c'est à un tel point, que
comme les parens d'une fille riche craignant
qu'elle ne prenne du goût pour un homme
peu fortuné, s'opposent à ce qu'elle ne puisse

connaître d'autre homme que celui qu'ils lui
destinent ; il en est résulté que même les gens
qui ne sont pas riches , voulant, à cet égard ,
comme en tout, copier les usages des riches,
il n'y a guère que les filles des pauvres ,
pour lesquelles le jour de l'hymen ne soit
pas le jour le plus triste de l'année ; tandis
que , d'après la nature, et même à en juger
par les cérémonies qui l'accompagnent,
ce jour devrait être regardé par toutes comme
le plus beau de leur vie.

2.° Cet usage est la cause de la dégradation
physique de l'espèce humaine , et en même
temps du malheur de la plus belle portion
de cette espèce , en ce que les plus belles
filles , qui si souvent sont sans dot , ne
trouvent pas de maris ; tandis que quelle
que soit la laideur ou la diformité d'une
riche héritière, elle peut choisir à son gré
parmi les plus beaux hommes qui l'environnent.

3.° Cet usage est la cause des infidélités
si fréquentes que les époux se font réciproquement ; et par conséquent du libertinage
le plus contraire aux bonnes mœurs, celui
des gens mariés ; en ce que les beaux hommes
épousant ordinairement les plus laides femmes,
et les belles filles épousant très-souvent les

vieux ou vilains hommes , il résulte que le lendemain des nôces la nature reprenant ses droits , a bientôt inspiré aux beaux époux du dégoût pour leur laide moitié ; et par conséquent le désir le plus vif, qui ne tarde pas à s'effectuer , de trouver dans la société des autres humains , des êtres plus dignes de leur amour.

4.° Cet usage est la cause de ce que les hommes qui ne sont pas absolument dans la misère, regardent comme un tel malheur d'avoir beaucoup d'enfans et sur-tout plusieurs filles , que pour l'éviter , la plupart mettent en pratique ces criminelles précautions, par l'effet desquelles ils préviennent l'existence de ces êtres , qui, quoique destinés par la nature à augmenter les jouissances de leurs parens , ne sont plus considérés , grâce à l'usage des dots , que comme un surcroît d'afflictions sur la terre.

5.° Cet usage étant la cause non seulement de la crainte d'avoir plusieurs enfans, mais encore du désir de n'épouser que des filles bien dotées, il tend à diminuer le nombre des mariages et à laisser les belles filles sans époux ; par conséquent à entretenir le libertinage parmi les citoyens, qui, à raison de leur aisance , sont destinés à servir de modèles de conduite à ceux qui composent la grande majorité de la nation.

6.° Cet usage est la cause de ce que le petit nombre de mariages, qu'on nomme *d'inclination*, qui ont lieu dans la classe aisée, c'est-à-dire, ceux où l'un des époux a seul de la fortune, ne sont ordinairement pas plus heureux et même quelquefois moins que ceux nommés *de convenance*; en ce que les premiers instans de l'amour étant passés, ils font place aux regrets, soit de la part de la femme bien dotée , d'avoir pris un mari sans fortune ; tandis qu'elle aurait pu en avoir un aussi riche qu'elle; soit de la part de l'homme riche, d'avoir sacrifié ses avantages en prenant une femme sans bien : regrets dont l'effet nécessaire est de porter le trouble dans le ménage, parce que celui des époux qui a la fortune , fait presque toujours sentir à l'autre le poids des privations que lui imposent les suites de la préference qu'il lui a donnée.

7.° Cet usage est la cause de ce que l'amour de la parure est porté à un tel excès parmi les femmes, que cet amour est, à son tour, la cause des infidélités de la

plupart

plupart des femmes mariées qui n'ont pas de fortune, ou auxquelles les maris ne donnent pas d'argent, et par conséquent du malheur d'un très-grand nombre de ménages. En effet, toutes les femmes qui ont de la fortune, étant portées par la nature de leur sexe, à en faire l'emploi pour se parer, et de cette manière avoir l'avantage sur les autres femmes, il est sensible que toutes celles qui n'en ont pas, pour ne pas être humiliées par celles qui en ont, doivent être disposées à tout faire pour se procurer les moyens que la fortune leur refuse ; et dès-lors il est aisé de voir qu'avec d'aussi fortes raisons, il est bien difficile aux jolies femmes sans fortune, de résister aux offres qui leur sont faites sous le nom de l'amitié.

8.º Cet usage est une source de discorde dans la plupart des ménages, où chacun des époux jouit d'une certaine fortune, en ce que souvent, à raison de sa dot, la femme se croit des droits pour dépenser, lorsque le mari veut économiser ; et réciproquement lorsque le mari dépensant trop, il veut obliger sa femme à prendre des engagemens vis-à-vis ses créanciers ; ou bien lorsque les deux époux affectionnant diversement leurs enfans ou leurs parens, ne sont point d'accord (ce qui arrive très-souvent) sur les avantages qu'ils veulent leur faire.

9.° Cet usage est évidemment contraire au bonheur du sexe en faveur duquel il paraît avoir été établi; puisqu'il est rare de voir une fille riche heureuse en ménage. En effet, quelle est la fille riche qui puisse se flatter que l'homme qui la demande en mariage, est moins déterminé par le désir de sa fortune que par celui de sa personne? Quelle est celle qui peut croire qu'avec de l'argent on s'assure le cœur de l'homme? Quelle est celle qui puisse être supposée assez raisonnable pour oublier les droits de prépondérance que la fortune lui donne dans la maison de son mari, et ne se souvenir que de l'amour et de l'obéissance qu'elle doit y porter et y conserver toujours pour son bonheur?

10.° Cet usage présente dans ses conséquences, des difficultés telles, pour l'allier avec les effets du divorce, qu'il est aisé de se convaincre que ces deux usages sont, pour ainsi dire, inalliables. En effet, comment prévoir toutes les conséquences de cette rupture, tant à l'égard des droits de la femme, du partage de la communauté, du partage des enfans, des contributions réciproques des époux, pour subvenir au soin de ces enfans, des droits antérieurs des premiers époux, ou des enfans des lits précédens, &c. &c. ? Et ce sont ces difficultés sans nombre, qui ont été la cause, nous n'en doutons pas, de ce que les auteurs du projet du nouveau code civil ont mis de telles entraves au divorce, qu'on peut le regarder comme n'existant pas de fait dans ce code.

11.º Cet usage, dans tous les cas, mais surtout lorsqu'il a lieu conjointement avec celui du divorce, renverse l'ordre de la nature, en ce qu'il rend, par le fait, la femme riche, maîtresse de son mari; et par conséquent en tendant à détourner les époux de leur destination réciproque, les prive du plus doux plaisir de la vie; savoir : servir un mari qu'on aime, et être servi d'une femme qu'on chérit.

12.º Cet usage porte le trouble et les dissentions dans les familles, non-seulement parce qu'il est la cause que les gendres considérant moins les famille de leurs femmes que l'argent qu'ils en peuvent tirer, sont ordinairement guidés dans le partage des successions où leurs femmes ont des droits, par la cupidité la plus excessive ; mais encore en ce qu'étant la cause des stipulations de communauté de biens ou autres avantages réciproques entre les époux, il devient la source d'une très-grande quantité de procès entre le père devenu veuf et ses enfans : procès qui tendent à faire repentir un homme d'avoir des enfans ; et qui d'ailleurs reposent sur une base inique ; puisque l'expérience prouve, et ce, d'après la nature des travaux affectés à chaque sexe, que comme sur cent communautés, il en est quatre-vingt-dix-neuf dont le gain ou la perte dépendent du mari, il est absurde de permettre qu'un homme veuf soit dans le cas de partager rigoureusement le fruit de ses travaux avec ses enfans.

13.º Cet usage favorise les dons illicites entre les époux, particulièrement ces prétendues reconnaissances de dots, qui ont si souvent lieu dans les contrats de mariage, soit des négocians qui se préparent à faire banqueroute, soit des vieillards qui achètent la possession des jeunes filles à ce prix, dont le résultat, sous l'un et l'autre rapport, est des plus immoral.

14.º Cet usage est absolument en contradiction avec toute législation civile, qui, comme celle des Français, a évidemment pour but de diviser les fortunes; puisqu'il tend à accumuler les fortunes des familles les plus riches sur un petit nombre de têtes; et cela d'autant plus surement, que les gens riches ayant ordinairement peu d'enfans, et la considération étant absolument en raison de la fortune, il est inévitable que les garçons les plus riches rechercheront et obtiendront de préférence en mariage les filles les mieux dotées.

15.° Cet usage tend à diminuer les avantages des pères de familles qui occupent les emplois publics où l'on acquiert plus de considération que de fortune, en même temps qu'il tend à favoriser ceux qui, méprisant ces emplois, ne sont occupés que des moyens de s'enrichir : d'où il résulte que par un effet nécessaire, il doit produire le très-grand mal de dégoûter les pères de famille, de s'attacher aux emplois qui n'offrent que de la considération, avec peu ou point d'avantages pécuniaires ; tandis que l'usage contraire produirait un effet absolument différent; car, dans ce cas, nul doute qu'on ne préférât les filles des gens en place, à celles des usuriers.

16.º Cet usage ôte tout désir dans les jeunes personnes peu fortunées, lesquelles forment le plus grand nombre, de prendre les peines nécessaires pour acquérir la possession des qualités estimables, en ce qu'il les a bientôt persuadées qu'une fille sans dot, fût-elle belle comme Vénus et sage comme Minerve, trouvera difficilement à épouser un homme selon le vœu de son cœur.

17.º Cet usage est la source d'une multitude de lois indispensables, soit pour régler les droits des femmes dans les diverses positions de leur vie, ou des enfans vis-à-vis de leur père, soit pour régler les droits des enfans de plusieurs lits, ou des héritiers des diverses branches collatérales ou ascendantes, soit pour régler les droits réciproques des époux dans les cas de mariage, de mort, ou de divorce, dont l'effet étant d'augmenter à l'infini les dispositions comprises dans un code civil, produit le très-grand mal d'éloigner ce code de la simplicité et de la précision qui résultent d'un petit nombre de lois, et par conséquent de lui ôter les qualités qui sont reconnues devoir constater la bonté d'un code civil, et le degré de bonheur dont jouit le peuple auquel il est destiné.

Telles sont les principales raisons qui nous ont paru démontrer jusqu'à l'évidence, les effets désastreux, sous tous les rapports, de ce funeste usage des dots, introduit parmi nous à la suite du droit absurde, dit *Coutumier:* puissent-elles convaincre ceux qui sont appelés à nous donner des lois! Combien il est important pour le bonheur des Français, de changer les dispositions du code civil à cet égard! Mais si, après avoir aussi fortement appuyé les causes de notre opinion, dans une matière de cette importance, nous n'avons pu dissuader les esprits prévenus d'une opinion contraire; alors, qu'ils restent donc persuadés que l'usage des dots est très-avantageux aux femmes, lors même que l'expérience leur prouve, que non-seulement le malheur attend presque toutes celles qui ont en partage les dons de la fortune, mais encore que, par une suite de cet usage, la plupart des filles sont écartées de la seule voie que leur offre la nature pour arriver au bonheur.

Mais, dira-t-on: et les pères qui n'ont que des filles, il faudra donc qu'ils voient passer leur fortune entre les mains des collatéraux? A cela, il est facile de répondre: ou ces

pères sont riches, ou ils sont peu fortunés.
Dans le premier cas, l'expérience ne prouve-
t-elle pas suffisamment, que rarement, à
l'aide de ces richesses, ils parviennent à
procurer à leurs filles l'amour des époux qu'ils
leurs ont donnés, et à eux-mêmes, les égards
de leurs gendres, sans lesquels cependant
ni elles, ni eux ne peuvent être heureux ;
et dans le second, il est sensible que leurs
filles sans dot, si cet effet est le résultat des
lois, se marieront assurément beaucoup
mieux ~~sans~~ *qu'avec* les dots de peu d'importance qu'ils
leurs auraient données.

D'ailleurs, pour peu que les riches qui
ont des filles à marier veuillent réfléchir sur
la conduite qu'ils doivent tenir à l'égard de
leurs enfans, pour passer une vieillesse heureuse, c'est-à-dire, sur les moyens les plus
sûrs à employer pour en être chéris jusqu'à
la fin de leurs jours, ils sentiront promptement qu'ils seront bien mieux traités par un
gendre et une fille, auxquels ils n'auront
rien promis, en conséquence qui n'auront
aucuns droits pour leur faire des demandes,
et auxquels néanmoins ils pourraient donner
sans cesse pendant le cours d'une vie dont le
terme doit être celui de leurs bienfaits ; que

si, pour faire faire à leur fille ce qu'on appelle si sottement un grand mariage, ils s'étaient mis à la disposition de leur gendre.

Ainsi, après nous être tellement éloignés de la ligne des préjugés, qu'il sera sans doute beaucoup d'hommes qui nous croirons dans le chemin de l'erreur, nous regardons à peu près comme inutile d'exposer ici nos idées sur la manière de considérer et de faire les lois relativement au mariage, que nous voudrions rendre désirable et nécessaire ; puisque ce n'est que dans les liens d'un bon ménage que se trouve le plus haut degré de bonheur dont les hommes puissent jouir ; au divorce, que nous voudrions faire regarder comme une faculté superflue, quoiqu'il soit indispensable de l'admettre, basé sur le simple vœu d'un des deux époux ; puisque c'est la seule manière d'ôter au mariage cette idée de chaînes ou de liens indissolubles, qui détruit tout le charme de la bonne volonté et des égards réciproques entre les époux (*) ; aux légitimations, que

____

(*) Au sujet du divorce, je ferai remarquer que par un mode d'exécution vicieux, on peut parvenir à décrier les principes les plus favorables à la prospérité des peuples, jusqu'au point de les rendre douteux,

nous voudions favoriser, en ce qu'elles sont si nécessaires pour accorder la bonne foi avec l'amour; aux adoptions, que nous voudrions défendre, en ce qu'elles ne sont bonnes que pour entretenir l'esprit d'égoïsme dans les familles, et généralement aux droits civils des femmes, par lesquels nous voudrions, en les faisant considérer comme des usufruitières, c'est-à-dire, comme inhabiles à transmettre un héritage, ou à faire des avantages après elles, soit à leurs époux, ou à leurs enfans, leur procurer une vie tellement conforme à la destination pour laquelle la nature les a faites, et par conséquent telle-

---

comme si les principes pouvaient répondre du mode de leur exécution. C'est ainsi que depuis la révolution, le mot de liberté ne rappelle plus aux Français que l'idée de la licence ; celui d'égalité de droits, l'idée de l'anarchie ; celui de République, l'idée du plus détestable de tous les gouvernemens ; enfin, celui de divorce, l'idée du libertinage légalisé. Or, à l'égard de ce dernier, n'est-il pas évident que ses résultats eussent été très-différens, si, au lieu de permettre de changer de femme tous les huit jours, la loi eût exigé seulement six mois de formalités préliminaires pour une rupture, et trois ans de délai pour procéder à un nouveau mariage ?

ment heureuse, que les hommes envieraient leur sort.

Cependant, plus on voudra approfondir et développer les conséquences des principes que nous venons d'exposer, et plus nous sommes portés à croire qu'on se rapprochera de nos idées; et qu'enfin on finira par penser avec nous, que ce n'est qu'en se conformant aux résultats qu'elles présentent, qu'on pourra parvenir à rendre délicieuse l'union conjugale, et désirable le grand nombre d'enfans : effets qui, par la nature des affections multipliées qu'ils procurent, sont, à eux seuls, une source plus abondante de bonheur ou de malheur moral, que toutes les autres sources réunies de nos affections.

Ce que nous venons de dire relativement aux causes qui s'opposent à l'existence du bonheur conjugal parmi nous, peut également s'appliquer à celles qui s'opposent de même à l'existence de l'amour paternel, et sur-tout de l'amour filial : car il est impossible de conserver l'amour paternel, avec des lois qui font considérer les enfans, non-seulement comme une très-grande charge, mais encore comme des possesseurs de droit, de la nue propriété d'un bien dont leurs pères avaient la libre disposition avant leur naissance. En effet, de pareilles lois ne doivent-elles pas tendre à détruire, dans l'esprit des hommes, cette tendance de la nature à regarder leurs enfans comme les protecteurs de leur vieillesse ? Est-il possible de supposer que ce sera avec des lois, dont les effets sont si évidemment contraires à l'amour paternel, qu'on pourra créer l'amour filial, cet amour qui, ne trouvant dans la nature aucune cause de durée au-delà de l'enfance, ne peut être conservé parmi les hommes, que par un des effets les plus beaux de la législation ; cet amour, dont l'importance est telle pour la conservation des États, que lui seul, depuis quatre mille ans, soutient l'existence de l'Empire de la Chine contre les effets d'une immense quantité de causes de destruction ? Là, l'Empereur peut tout ; là, l'Empereur ne trouve aucune résistance, tant qu'il n'ordonne pas de manquer d'égards ou de respect à son père ; là enfin, l'autorité d'un despote s'arrête devant celle des pères.

Si donc il était possible d'être entendus au milieu des préjugés qui sont les causes de notre malheur, nous dirions : Voulez-vous conserver l'amour filial au-delà des limites

de l'enfance ? basez-le sur l'intérêt personnel.
Pour cet effet, que l'enfant sache qu'il n'a
droit à la succession de son père, que jusqu'à
concurrence de ce qu'il lui faut strictement
pour, avec le fruit de son travail, vivre dans
l'indépendance ; que l'ordre de primogéniture
présente une chance avantageuse, afin que la
fixation, de cet ordre puisse être dérangée,
et fixée arbitrairement par le père ; qu'enfin
le père, ayant laissé à chacun de ses enfans
le strict necessaire dont il a contracté la dette
envers eux en leur donnant la vie, c'est-à-
dire, le *minimum* que nous avons précédem-
fixé, puisse disposer à sa volonté du surplus
de son bien, soit en faveur de l'un d'eux,
soit en faveur d'un étranger. Mais nous en-
tendons déjà l'objection d'usage : Vous allez
porter la jalousie dans les familles et augmenter
le nombre des mauvais pères, c'est-à-dire,
de ceux qui, par l'effet d'un caprice ou d'un
testament usurpé à la faiblesse d'un agonisant,
feront passer leurs biens en des mains étrangères. D'abord, le nombre des pères qui pré-
fèrent des étrangers à leurs enfans, est, et sera
toujours infiniment petit : ainsi l'a voulu la
Nature, qui a fait de l'amour paternel un
besoin physique. Quant aux effets de la fai-

blesse d'un agonisant, ils sont aisés à prévenir, en ordonnant que tout testament qui n'est pas déposé chez un notaire, au moins six mois avant le jour du décès du testateur, est nul de droit. Enfin, à l'égard de la jalousie dans les familles, n'a-t-on, pas au contraire, la preuve fondée sur l'expérience, qu'elle existait moins entre les enfans dont les pères vivaient, et avaient leurs biens dans les pays de droit écrit, droit qui les rendait les maîtres absolus de disposer à leur gré de leurs biens, que parmi ceux dont les pères avaient leurs biens régis par le droit coutumier, droit où les pères étaient gênés, dans leurs dispositions, par mille entraves ? C'est bien au contraire l'égalité de partage, et l'obligation que la loi et les usages imposent aux pères à ce sujet, qui mettent le trouble dans les familles : car l'expérience prouve que les pères de famille qui, soit à raison des effets impérieux de la loi, soit à raison d'idées particulières, s'annoncent pour la stricte égalité de partage entre leurs enfans, non-seulement ne cessent d'avoir des plaintes de tous, et d'être en butte à leurs observations, afin qu'ils ne donnent pas à l'un plus qu'à l'autre, mais encore sont moins aimés et respectés de leurs enfans, que ceux qui laissent connaître aux leurs, qu'ils entendent être les maîtres, et qu'ils vendraient plutôt tous leurs biens, que de laisser croire un seul instant qu'ils n'en sont pas les dispensateurs absolus.

Tels sont les moyens que nous pensons devoir être mis en usage, pour procurer aux hommes, sous tous les rapports, la satisfaction de leurs besoins moraux : satisfaction à laquelle ils ne peuvent guère espérer de parvenir, qu'autant que leurs lois civiles seront établies sur les principes que nous venons de poser ; et tel sera le résultat de l'examen des conséquences du principe que nous avons admis relativement à ce qui constitue le bonheur intérieur des nations : car il est évident que, dès-lors que nous avons développé les causes du bonheur des particuliers, nous avons, par une suite nécessaire, développé aussi toutes les conséquences du principe que nous avons posé relativement à ce qui constitue le bonheur des nations : bonheur que nous avons reconnu être l'un des deux buts principaux de toute association humaine.

Maintenant, si nous considérons les conséquences des principes relatifs à la force extérieure des nations, nous dirons dès-lors que

la force extérieure des nations se compose
de l'union entre leurs citoyens, de la quantité
d'individus qu'elles contiennent, et de la quantité de subsistances dont elles peuvent disposer. Il faut donc chercher quelles sont les
causes et de cette union, et de cette quantité d'individus, et de cette quantité de subsistances.

Si donc nous examinons quelles sont les
causes de l'union entre les citoyens d'une
même nation, nous observerons que l'unité
d'opinion et de langage, les liaisons réciproques, et l'attachement aux lois, sont les
trois bases naturelles de cette union. En effet,
l'expérience prouve, que c'est en raison de ce
qu'ils professent les mêmes opinions, de ce
qu'ils ont les mêmes usages, et de ce qu'ils
parlent le même langage, que se reconnaissent pour concitoyens, deux individus qui
se rencontrent hors de leur pays. Ainsi, c'est
donc en raison de ce que cette triple confor-
mité se rapproche de l'unité, qu'on se re-
connaît pour compatriote; et c'est pourquoi
les habitans du nord et du midi de la France
qui, chacun dans leur pays, se regardent
réciproquement comme étrangers les uns les
autres, se reconnaissent néanmoins pour
compatriotes

compatriotes dans tous les autres lieux de l'Europe, et même à Paris. Il en est également ment des habitans du nord et du midi de l'Europe, lorsqu'ils se rencontrent à la Chine ou dans l'Inde. Or, il est sensible que l'unité des effets du même code civil doit servir pour beaucoup à conserver cette unité d'usages, quoique cependant, sous le rapport des opinions et du langage, il soit d'autres moyens de conserver cette unité d'une manière bien plus certaine, lesquels, malgré tout l'intérêt qu'ils présentent, ne peuvent nous occuper ici, en ce qu'ils sont absolument étrangers à notre sujet.

Si, de l'examen des causes de cette union, nous passons à l'examen de celles qui produisent les liaisons réciproques, nous reconnaîtrons facilement qu'elles naissent du degré de rapprochement entre les mêmes hommes, et de la facilité qu'ils ont à se communiquer ; qu'ainsi, sous ce rapport, comme à l'égard du précédent, les petits États jouissent, par l'effet de leur peu d'étendue, d'un grand avantage sur ceux qui possèdent un ample territoire ; et que dès-lors les grands États, pour parvenir à des résultats aussi avantageux, sont obligés de recourir aux moyens particuliers que leur offre la législation.

Quant à l'amour pour les lois du pays, si nous partons d'une vérité reconnue, que les hommes sont toujours portés à aimer les lois qui les rendent heureux, nous trouverons que, sous ce rapport, le bonheur dont les feraient jouir celles dont nous proposons les bases pour un code civil, les mettraient dans le cas d'avoir pour elles le plus haut degré d'attachement ; et d'ailleurs quelle énergie n'auraient pas, pour défendre leur pays, des hommes à l'esprit desquels les noms d'enfant, de père et d'epoux, se présenteraient avec tout le développement du sentiment dont ils sont susceptibles !

Après avoir ainsi prouvé combien la bonté d'un code civil influe sur les causes de l'unité entre les citoyens d'une même nation, si nous examinons quelles sont les causes de la population d'un pays, nous observerons qu'indépendamment des causes étrangères, il n'en existe que deux internes ; savoir : la quantité de subsistances que donne le sol, laquelle est déjà l'une des causes directes de la force extérieure d'une nation ; et le desir que les hommes ont de se reproduire ;

[51]

Que la première de ces deux causes est subordonnée à la fertilité naturelle du sol, et encore plus au désir que les hommes qui l'habitent, ont de le cultiver : car, à fertilité égale, plus l'agriculture est florissante dans un pays, plus les terres y sont cultivées, et alors plus les subsistances y deviennent abondantes. Or, entre tous les moyens possibles de rendre l'agriculture florissante, et de faire cultiver les terres les plus ingrates, il n'en est point de comparable à celui qui tend à rendre la propriété territoriale précieuse et chère. Nous disons plus : il n'en est aucuns qui puissent soutenir la culture des terres, lorsque celui-là est négligé, c'est-à-dire, lorsque les biens-fonds sont sans valeur. Ainsi, le but étant proposé, la question est de trouver les meilleurs moyens pour y parvenir.

Mais, pour trouver ces moyens, il ne faut pas aller se perdre avec les Economistes, dans des raisonnemens sans fin, sur le *commerce, l'industrie et les richesses* ; il faut tout simplement ramener la question aux élémens d'une proposition, avec laquelle on peut tout aussi bien expliquer les causes de la haute valeur des terres, que celles de toutes les autres denrées ou marchandises ; et cette proposition, fondée sur l'expérience, établit que dans tous les lieux, une denrée quelconque, augmente de valeur, c'est-à-dire, requiert une plus grande quantité d'autres denrées en échange, en raison composée de la quantité qui en est demandée, et inverse de celle qui est offerte ; ou, ce qui est la même chose, *en raison composée du nombre des demandeurs, et inverse de celui des offrans.* Ainsi, la question proposée est donc résolue en disant : que plus il y aura de causes pour augmenter le nombre des demandeurs de biens-fonds à acheter, plus il y en aura pour diminuer le nombre de ceux qui en veulent vendre ; alors plus les biens-fonds auront de valeur (valeur dont les degrés s'expriment par la quantité de fois leur revenu) : d'où il résulte que, si cette manière de juger de la prospérité de l'agriculture est certaine, l'expérience doit confirmer cette proposition générale ; savoir : que par tout pays, les travaux de l'homme pour cultiver la terre, et en tirer tout le parti possible, doivent être en raison de ce qu'elles se vendent un plus grand nombre de fois la valeur de leur rapport annuel : or, c'est en effet ce que l'expérience confirme, particulièrement en Angleterre.

Ainsi, soit qu'on emploie les moyens nécessaires pour augmenter le nombre des acquéreurs de biens-fonds, soit qu'on emploie ceux
les plus propres à diminuer celui des vendeurs,
on parviendra également à la fin proposée,
quoiqu'on y arriverait bien plus promptement
en employant concurremment les uns et les
autres. Mais comme il est plus facile d'établir
les causes propres à diminuer le nombre de
vendeurs, que celles propres à augmenter
celui des acquéreurs, parce que les premières
tiennent à l'exécution des lois indépendantes
des temps et des lieux, tandis que les dernières tiennent en grande partie aux lois politiques des États, qui sont absolument étrangères à notre sujet (*), nous nous occuperons

---

(*) Telles sont entre autres celles qui requièrent la
possession d'une certaine quantité de propriétés pour
remplir les emplois civils, ou pour jouir du droit de
cité. Il faut aussi observer, que toutes les lois qui
tendent à une répartition plus égale des fortunes,
tendent en même temps à augmenter le nombre des
acquéreurs de terres : car l'expérience prouve, que
chez les peuples civilisés, plus, les fortunes sont
égales et plus il y existe d'esprit d'économie, et réciproquement moins de désirs des dépenses superflues :
désirs d'où naît le luxe, lequel, en s'opposant cons

donc des premières, et nous dirons qu'il est deux manières principales de diminuer le nombre des vendeurs : la première, en déclarant une partie des propriétés inaliénables ; telles seraient, par exemple, toutes les grandes propriétés possédées par la nation ; la seconde, en ne mettant aucune autre restriction au droit de disposition à titre gratuit, que celle de laisser à chacun de ses enfans, la quantité de biens-fonds que nous avons affectée au *minimum* des partages, et regardée comme indispensable à l'homme, pour lui procurer le strict nécessaire. En effet, comment vouloir que les propriétaires d'une valeur foncière, qui savent que, d'après les lois, ils ne la possèdent qu'a titre d'usufruit, ne soient pas portés à l'échanger contre une valeur mobi-

---

tamment à l'accumulation dans les mêmes mains des revenus de la terre, ou des profits de l'industrie, empêche la formation des capitaux de richesse mobiliaire, sans l'existence desquels cependant les biens-fonds ne peuvent jamais être à un très-haut prix, ni l'intérêt de l'argent à un taux modéré : d'où il suit qu'il est facile de prouver que le luxe, malgré les éloges inconsidérés qui lui ont été prodigués, est, même sous le rapport de la richesse des États, un grand obstacle à leur prospérité.

liaire, puisqu'ils n'ont que cette seule manière
de rentrer dans tous leurs droits de disposition
libre ? Et de même on ne peut espérer, tant
que cet ordre des choses subsistera, que les
propriétaires de valeur mobiliaire se porteront
à en faire l'échange contre une valeur foncière.
Dailleurs, n'y a—t—il pas une contradiction
manifeste entre les lois qui permettent aux
pères de vendre leurs propriétés, et en même
temps leur défendent de les donner ? car, en
dernière analyse, la translation à titre gratuit
est toujours déterminée par les mêmes motifs
que celle à titre onéreux; puisque, dans le premier cas, le propriétaire est dans la persuasion
qu'il est payé de son bien, soit par la décharge
de la reconnaissance qu'il doit pour des services
qui lui ont été rendus, soit par la certitude
des services futurs que l'acte de donation lui
assure; et que dans le second, au lieu d'être
ainsi payé en nature, il l'est en valeur re-
présentative, c'est-à-dire, en valeur reconnue
propre à acquitter la reconnaissance des services passés, ou à obtenir des services futurs.

Ainsi, nous sommes donc fondés à dire,
que toutes les lois qui gênent les translations
à titre gratuit, au-delà du terme que nous avons
fixé, non-seulement sont en contradiction

avec les lois sur les translations à titre onéreux ;
mais ne sont pas moins contraires à la prospérité de l'agriculture, au produit des subsistances, à la population et à la force extérieure
de l'État; qu'elles sont opposées, ainsi que
nous l'avons prouvé, à l'existence de l'amour
paternel et de l'amour filial, donc au bonheur
intérieur de la nation; et ce sont cependant ces
lois qui, avec l'appui des grands mots, *égalité
fraternelle*, *caprice paternel*, &c., trouvent
des défenseurs assez puissans pour les conserver, malgré les inconvéniens majeurs qu'elles
présentent.

Outre cette loi, nous proposerions encore,
sous plusieurs rapports avantageux, et notam-
ment sous celui de la prospérité de l'agriculture,
1.º que les successions à l'infini fussent pros-
crites du code civil, et que le dernier degré
de parenté, pour se porter héritier, fût celui
de cousin germain; à défaut duquel l'État
hériterait de toutes les successions : car il est
prouvé par l'expérience, que toutes les successions qui tombent en partage à des collatéraux au-delà de ce dégré, sont presque entièrement pour les hommes de loi; tandis que
si l'État les recueillait, elles formeraient une
branche très-importante de revenus publics;

2°. que les fonds de terres ne pussent être partagés à l'infini ; en conséquence, qu'il y eût un *minimum* d'étendue, au-dessous duquel les propriétés foncières fussent impartageables : car il est prouvé que l'extrême division des biens-fonds nuit autant à leur produit, que leur extrême grandeur, et que ceux qui rapportent davantage, sont d'une médiocre étendue ; que d'ailleurs leur extrême division est encore la cause d'une très-grande quantité de procès.

Ayant ainsi prouvé que les causes de la plus grande abondance possible des produits de la terre, et par conséquent qu'une partie des causes de la population, étaient dépendantes des diverses modifications d'une seule loi du code civil, il est encore plus facile de prouver que les autres causes de la population d'un pays, tiennent aux autres lois du même code ; puisqu'il est dans la nature, que toute les fois que les noms de mari, de femme et de père, ne présenteront pas des idées pénibles, à plus forte raison, lorsqu'au moyen d'un bon code civil, ils présenteront, au contraire, les idées d'un avenir délicieux, tous les hommes seront empressées de faire ce qui est nécessaire pour en être revêtus. En conséquence, nous sommes donc fondés à dire, que dans tous les

États qui ne sont pas extrêmement différens par la fertilité du sol, ou par les moyens industriels, les principales causes de la population résident dans la bonté du code civil.

Maintenant, si nous passons à l'examen des causes qui procurent aux nations les moyens d'avoir à leur disposition une plus grande quantité de subsistances, il nous sera encore facile de démontrer, à leur égard, toute l'influence d'un bon code civil : car, ainsi que nous venons de le voir, non-seulement il peut à lui seul faire prospérer l'agriculture, et porter la population au plus haut degré (*), mais encore à raison de l'harmonie, de la concorde, de la bonne foi, des bonnes mœurs enfin, qu'il introduit parmi les hommes, puisqu'elles sont une suite de l'union conjugale, du respect filial et de l'amour paternel, il doit nécessairement être aussi la cause de la prospérité du commerce et de l'industrie, lesquels ne peuvent exister long-temps dans une situa-

---

(*) Et en cela je ferai remarquer combien la loi proposée sur le MINIMUM des partages, serait favorable à la population ; car comme elle produirait une plus grande aisance dans la classe cultivatrice, elle la mettrait dans le cas d'élever ses enfans avec plus de facilité.

tion avantageuse, sans le concours de ces vertus, et de la simplicité qui ordinairement les accompagne.

Ainsi, il est donc facile de se convaincre, que, même sous le rapport des moyens de subsistances qu'une nation peut tirer des étrangers à l'aide de son commerce et de son industrie, comme c'est encore un des effets indirects d'un bon code civil, il ne doit rester aucun doute que son influence ne s'étende, soit directement, soit indirectement, sur tout ce qui constitue la force extérieure des nations. Or, comme nous avons prouvé également son influence directe sur le bonheur intérieur des nations, il doit donc être reconnu en principe, qu'une nation, quelles que soient les apparences brillantes qu'elle présente, ne peut être heureuse qu'avec et par un bon code civil, dont la devise serait *Favoriser et non contraindre les impulsions de la nature.*

Telles sont les réflexions qui nous ont parus assez importantes pour nous croire obligés de les faire connaître, et auxquelles nous aurions donné plus de développemens, si nous n'avions pas été retenus par la crainte de faire un écrit trop volumineux, dans un moment où le public est avec raison fatigué de toutes les discussions inutiles qu'il a entendues depuis quinze années, sur les diverses parties de la législation (*). D'ailleurs, nous sommes persuadés

---

(*) Cependant nous pensons devoir ajouter une réflexion aux précédentes, relativement aux objections contre le système de la nullité des dots.

Il est beaucoup de personnes qui croient que, sans l'usage des dots, les hommes ne se marieraient pas. D'abord je répondrai, et même en supposant que cette opinion soit fondée : le but d'une bonne législation est-il de faire marier les hommes pour qu'ils multiplient le plus possible, comme s'il s'agissait de troupeaux ; et ne doit-elle pas s'occuper avant tout de les rendre heureux ? Or, si le mariage, comme toutes les institutions, ne doivent avoir en vue que ce seul but, sans lequel tout le reste n'est rien ; il faut donc le considérer relativement à son influence sur le bonheur des hommes, et non isolément sous le rapport de population. Mais bien loin qu'il soit prouvé que l'usage des dots contribue à augmenter le nombre des mariages ; il est facile, au contraire, de prouver que cet usage n'est qu'un accessoire très-superflu au désir que les hommes peuvent avoir de prendre une compagne, et que même, sous plusieurs rapports, il tend plutôt à les en détourner qu'à les y confirmer.

En effet, si les hommes paraissent se déterminer souvent au mariage par le désir d'augmenter leur fortune, à l'aide de la dot de leur femme, il ne faut pas croire que ce soit le plus puissant des motifs

que si l'évidence des conséquences rigoureuses des principes reconnus, qui nous ont servi à établir les preuves de notre opinion, ne peut

---

qui les détermine à chercher une compagne pour faire avec elle le voyage de la vie : car si pour ce voyage l'homme ne désire point de compagne, tant qu'il se sent les forces de la jeunesse et qu'il conserve la légèreté d'esprit, qui ordinairement accompagne cet âge; il change bien d'avis à cet égard; lorsque parvenu à l'âge de trente à trente-cinq ans, il commence à éprouver cette satiété de sensations physiques, ce vide de l'ame, cet ennui, qui alors lui rend si nécessaire la présence continue d'un individu du sexe différent du sien, lequel par la douceur, la sensibilité, la constance, et les soins assidus dont il est susceptible, peut seul lui procurer ces secours et ces secrètes attentions, enfin ces jouissances morales dont à cette époque de la vie, il sent impérieusement le besoin. Ce sont donc ces motifs pris dans la nature de l'homme, qui sont les plus puissans pour le porter au mariage, et non le désir de la dot, qui, bien loin de favoriser le développement de ces motifs, tend, au contraire, à les atténuer; parce que l'usage des dots ayant introduit celui d'une très-grande dépense parmi les femmes, et encore l'obligation de doter les filles qu'on pourrait avoir ; on craint (ainsi que l'expérience le prouve) en cédant au désir de prendre une compagne, même avec une dot, de trouver plutôt dans cette union, une augmentation de charge, que les secours dont on pourrait se flatter.

vaincre l'opposition que lui feront éprouver
les anciens préjugés et l'intérêt particulier
de quelques individus, il serait superflu, à
l'égard de personnes aussi prévenues, que
nous eussions employé d'autres raisonnemens ;
mais nous prierons le lecteur impartial de bien
se pénétrer de cette vérité, savoir : que les
mœurs d'une nation étant toujours la suite nécessaire de la nature des affections habituelles
que les individus qui la composent éprouvent
dans l'intérieur de leurs familles, et ces affections étant toujours subordonnées à l'influence
directe des lois civiles, on ne peut parvenir à
changer les mœurs d'une nation, qu'en chan-
geant les bases de son code civil.

F I N.

www.ingramcontent.com/pod-product-compliance
Ingram Content Group UK Ltd.
Pitfield, Milton Keynes, MK11 3LW, UK
UKHW020943120726
13693UKWH00004B/1498